ORAISON FUNÈBRE

DE

M. DE LA ROUE,

ARCHIPRÊTRE DE NOTRE-DAME,

Prononcée dans l'Eglise Métropolitaine, le Dimanche 15 octobre 1815,

PAR M. L'Abbé LABOUDERIE,

VICAIRE DE NOTRE-DAME.

IMPRIMERIE DE J. MORONVAL.

A PARIS,

CHEZ J. MORONVAL, IMPRIMEUR-LIBRAIRE,
rue des Prêtres S.-Severin; et quai des Augustins.

1815.

ORAISON FUNÈBRE

DE

M. DE LA ROUE,

ARCHIPRÊTRE DE NOTRE-DAME,

*Prononcée dans l'Eglise Métropolitaine, le
Dimanche 15 octobre 1815, par M. l'Abbé
Labouderie, Vicaire de Notre-Dame.*

« Souvenez-vous de vos conducteurs qui vous
» ont prêché la parole de Dieu, et, considérant
» quelle a été la fin de leur vie, imitez leur foi. »
Par quel malheureux renversement ces expres-
sions de l'Apôtre, que je devais employer dans
l'éloge de St.-Denis, deviennent-elles le texte
d'un lamentable discours, et le prélude de
notre commune douleur ? Comment un jour
de fête et d'allégresse est-il changé en jour de
deuil et de tristesse ? O Dieu ! vous entremê-
lez sans cesse les biens et les maux, pour cacher
vos desseins et avancer votre ouvrage !

Il n'est plus, ce Pasteur révéré qui vous con-
duisait avec tant de zèle et de prudence dans

1.

les pâturages du Seigneur ! La mort nous l'a ravi après une longue et honorable carrière, mais quand sa vieillesse, regardée comme un phénomène à cause de la réunion de divers avantages, présentait le spectacle de la vertu épurée au creuset de l'adversité, et victorieuse de tous les genres d'épreuves. Il n'est plus ! et c'est à moi qu'il est réservé de publier cette affligeante nouvelle ! moi, le confident de ses pensées ! moi, le dépositaire de ses secrets ! moi, le témoin de sa vie ! Cette colonne qui avait survécu à tant de ruines, a été brisée à son tour, et la main du temps n'a point épargné cet héritier des mœurs antiques, qui en perpétuait parmi nous la tradition. Je gémirais sur la perte de tout ecclésiastique, quel qu'il fût, parce que les rangs s'éclaircissent dans les phalanges du Seigneur avec une effrayante rapidité ; parce que bientôt la vigne du père de famille restera inculte faute d'ouvriers qui la cultivent. Puis-je donner autre chose que des sanglots et des larmes de sang, à l'aspect de la tombe qui engloutit les dépouilles mortelles d'un Pasteur tel que le nôtre ? En vain je me suis efforcé de rassembler quelques idées, mon esprit éperdu s'est refusé à toute espèce d'effort ; mon cœur ne sait plus que s'attendrir.

Frères bien aimés, nous soupirerons ensemble les louanges de ce vénérable vieillard ; vous m'aiderez à louer ce que la douleur que je ressens m'empêchera de dire ; vous rappellerez ses bonnes œuvres pour en faire la matière de vos plus sérieuses réflexions ; l'Apôtre vous l'ordonne : *Mementote præpositorum vestrorum qui vobis locuti sunt verbum Dei, quorum intuentes exitum conversationis, imitamini fidem.*

Vous l'avez entendu du haut de cette chaire vous expliquer les grandes vérités de la foi, et vous donner des leçons de sagesse. Comme il était pressant quand il vous excitait à opérer votre salut sans négligence et sans retard !.... Comme sa voix mâle et vigoureuse s'animait encore plus quand il gourmandait vos passions ! Comme il paraissait pénétré de l'esprit des Prophètes quand il parlait de nos augustes mystères ! Mais aussi avec quelle onction il vous adressait ses avertissemens paternels ! Avec quelle sensibilité il entrait dans vos peines, et vous encourageait à les supporter ! Tantôt, on

aurait dit le Législateur des Chrétiens ensei-
gnant avec autorité et commandant en maître :
Tanquam potestatem habens. D'autres fois on
l'aurait pris pour la Miséricorde elle-même,
s'insinuant doucement pour parvenir à ses fins.
C'était ou la foudre qui grondait sur la tête
des coupables, ou un ruisseau de miel qui
roulait dans son paisible cours la persuasion et
le calme.

Hélas ! vous ne l'entendrez plus.... Le son
de la trompette s'est éteint dans Juda, et le
voyant du Peuple saint ne rendra plus ses
oracles. Un morne silence va régner désor-
mais. Heureux qui saura conserver les derniers
accens de sa voix mourante !

Si notre Pasteur excellait dans les instruc-
tions dominicales, combien peu d'orateurs
pouvaient entrer en comparaison avec lui dans
le genre des exhortations ! soit qu'il retraçât
aux époux les obligations du mariage, soit
qu'il disposât les malades à la réception des
sacremens, soit qu'il dévoilât aux enfans toutes
les bontés d'un Dieu sauveur dans la sainte
Eucharistie. Chrétiens, j'en appelle à votre
témoignage, y avait-il un cœur assez dur pour

résister à ses vives impressions ? Il me semblait, dans nos Premières Communions, voir l'ancien des jours environné de la troupe innocente des enfans des Cieux, leur manifestant ses desseins, et les inondant des excès de sa plénitude. Comme il savait fixer leur attention vagabonde, et graver dans leurs jeunes cœurs la mémoire de ce jour ineffable ! Comme il savait reporter ses auditeurs à cette époque fortunée dont on ne se souvient jamais sans émotion !.....

Ce n'est pas seulement quand il maniait la parole que notre Pasteur pouvait servir de modèle ; son ministère tout entier était empreint de grandeur et de majesté. Tout, dans sa personne, respirait la piété et le recueillement. Tout, en lui, indiquait l'envoyé du Très-Haut, et l'interprète de ses volontés. L'Esprit Saint ne dédaigne pas de remarquer dans le Prophète, que Jésus-Christ était le plus beau des enfans des hommes : *Speciosus formâ præ filiis hominum ;* et il ajoute incontinent, que la grâce était répandue dans ses paroles et dans ses actions, et que c'est pour cela que le Seigneur l'a comblé de bénédictions jusque dans l'éternité : *Propterea benedixit te*

Deus in æternum. Pourquoi ne relevcrais-je pas dans M. le Curé ces dons de la nature, symbole de la beauté de son âme, dont il n'abusa jamais, et qui inspiraient tant de respect à ceux qui l'abordaient ? *Propterea benedixit te Deus in æternum.*

Je ne puis penser au zèle éclairé de M. le Curé, sans former les vœux les plus ardens pour que l'Eternel accorde souvent à son Eglise des Pasteurs qui lui ressemblent. La Maison du Seigneur lui offrait des attraits qu'il ne trouvait point ailleurs, et il disait souvent avec le Prophète, dans la sincérité de son âme : « Un seul » jour, ô mon Dieu ! passé dans votre maison » sainte, vaut mieux que des années entières » passées dans les tentes des pécheurs. » Le joug du Seigneur était devenu son partage dès ses jeunes années, et il l'avait porté avec joie. Il remplissait tous les devoirs de sa charge avec assiduité. Ce n'était point habitude en lui : un motif surnaturel était son unique mobile.

Grâces à Dieu, il n'a guère interrompu ses fonctions pastorales. Le Seigneur l'a trouvé à son poste. Il a pu, du tabernacle d'ici bas, aller dans les tabernacles éternels, continuer les cantiques de Sion.

Sa science dans les matières ecclésiastiques égalait sa piété. Il connaissait la religion à fond; il en possédait tous les trésors. Semblable au docteur de l'Evangile, il tirait de son réservoir les choses anciennes et nouvelles dans le temps opportun, *qui profert de thesauro suo nova et vetera.* Que la religion était belle dans sa bouche! qu'elle était pure et magnifique! qu'elle était utile et consolante! Dégagée de cet attirail terrestre dont l'affublent des génies étroits, elle se montrait sur ses lèvres telle qu'elle sortit du sein de la Divinité, telle que cette chaste épouse qui descend du ciel toute parée pour ses noces; comme parle Saint-Jean: *Sicut sponsam ornatam viro suo.* Ah! si la religion chrétienne n'était jamais défigurée, elle trouverait par-tout des adorateurs. Si elle était sagement enseignée, ses adversaires tomberaient à ses pieds: *et inimici ejus terram lingent.*

Chrétiens, vous connaissez sa vie publique, mais vous ne connaissez pas assez toutes les qualités dont il était orné. Il fallait l'entendre parler de son amour pour vous. Je n'hésite point à le dire; fidèle imitateur du souverain Pasteur de nos âmes, il aurait volontiers donné sa vie pour ses brebis ; il vous portait tous dans son cœur. Vous étiez tous présens à sa pensée ; il vous offrait tous ensemble avec lui au Père des miséricordes et au Dieu de toute consolation. Il obligeait sans cesse , et sans cesse il se plaignait que les circonstances le privaient des occasions d'obliger selon ses désirs ; il aurait voulu vous voir plus souvent , et resserrer avec vous les liens sacrés qui unissent le pasteur à son troupeau.

Et nous, ses coopérateurs , nous, les associés de sa sollicitude , que de témoignages d'affection n'avons-nous pas reçus de lui ! Si nous l'aidions à supporter le poids du fardeau pastoral , il nous aidait à écarter les obstacles qui ne se rencontrent que trop dans le ministère depuis la révolution. Admis dans son intimité, nous perdions bien vite le souvenir de nos peines et des traverses que nous avions essuyées. Ce n'était plus ces formes graves et peut-être rudes qui en imposaient aux étrangers, c'était une délicatesse de procédés infinie, c'était toute la tendresse d'un père.

Cher et vénérable pasteur, vous avez bien voulu attacher quelque prix à mon amitié, et

me la demander dans les termes les plus hono-
rables pour moi. Elle vous était toute acquise.
Oui, j'ai conservé inviolablement les sentimens
que vous avez mérités par les vôtres. Ils ont été
inaltérables, et ils le seront à jamais. Je me
souviendrai toujours que vous m'aviez choisi
dans votre bienveillance pour coopérer, sous
vos auspices, au salut de vos paroissiens, et que
vous n'avez cessé de me prodiguer des encou-
ragemens dans les fonctions pénibles que j'ai
fréquemment remplies. Ces marques précieuses
d'intérêt et d'estime ont laissé dans mon âme
de trop profondes empreintes pour qu'elles en
soient effacées.

L'homme qui n'avait jamais dévié des prin-
cipes de la religion, n'avait garde d'abandonner
ces antiques et sages maximes, conservatrices
de la monarchie des Francs. Fermement atta-
ché à la royale dynastie des Bourbons, il ne
soupirait qu'après leur retour; voir Louis XVIII
assis sur son trône, était pour lui le sceau du
bonheur sur la terre. Au premier rayon d'es-
pérance qui luisait à ses yeux, il tressaillait
d'allégresse et jouissait d'avance de la félicité
publique. Le frère du Roi arrive dans la capi-

tale ; M. le Curé , à la tête du corps illustre des pasteurs , va le complimenter ; il termine sa harangue par les paroles du saint vieillard Siméon à la vue du Messie : C'est maintenant, Seigneur, que vous renvoyez en paix votre serviteur. *Nunc dimittis servum tuum Domine, secundùm verbum tuum, in pace.*

Tout n'était pas encore accompli. Le Seigneur réservait à la famille royale de nouvelles épreuves, et à notre pasteur de nouvelles afflictions. Déjà la France jouissait de la paix , et ses plaies allaient être cicatrisées. Tout-à-coup elle se voit en proie à des fureurs intestines , et menacée d'une guerre étrangère. L'homme à qui Dieu avait donné de prévaloir pour un temps, paraît au milieu de nous ; il nous apporte des fers, et tous les fléaux réunis.

C'est de cette époque sur-tout que date le dépérissement de M. le Curé ; c'est à la fatale apparition de l'ennemi de l'Europe que nous devons attribuer le déplorable événement qui nous plonge dans le deuil. Qui pourrait dépeindre ses terreurs, ses alarmes, ses angoisses ? Je ne crains pas de le dire , tous les maux de la patrie et de la religion étaient devenus les siens, il se les était appropriés : *Aggravaverunt compedem meum.* Une divergence d'opinions, dont je ne révélerai pas le sujet, acheva de l'accabler. «Votre détermination, m'écrivait-il, » met le comble à la triste situation où vous » me laissez.... » Homme vénérable !... Dieu ne vous imputera point cet acte de faiblesse ; mais je ne pouvais en être le complice.

Le retour du bon ordre ne rétablit pas la santé de M. le Curé : on ne revient pas de si loin. Le coup était porté, et il n'y avait plus de remède ; l'heure était venue de penser à l'éternité et de régler sa conscience. Que dis-je ! toute sa vie avait été une préparation continuelle au jugement de Dieu. Que pouvait-il y ajouter, si ce n'est un avant-goût des délices inexprimables que donnent les approches de la jouissance aux élus du Seigneur ? « Ne me » ménagez pas, me disait-il, traitez-moi dans » toute la rigueur des lois canoniques ; dispo- » sez-moi, autant qu'il est possible, à l'impor- » tante action que je dois faire.

Ainsi ce docteur distingué ne dédaignait pas de soumettre son jugement à mes faibles lumières, je dirai presque à mes ténèbres, et d'attendre sa destinée d'un de ses coopérateurs.

Lorsque le digne président du chapitre lui

conseilla de se faire administrer solennelle-
ment, il répondit, avec autant de dignité que
d'empressement : je suis avide de recevoir mon
Dieu. Nous ne tardâmes pas à nous en aper-
cevoir. Il suivit les prières du Rituel, avec
une piété tendre et une sincère dévotion ; il sa-
tisfit à tous ses devoirs avec une présence d'esprit admirable ; il nous parut abîmé dans l'a-
mour de son Créateur. Depuis ce moment il
ne s'occupa que de la patrie céleste : ce
Monde passager ne fut plus rien pour lui ; il
avait consommé la séparation en se nourris-
sant du viatique des mourans.

Il est assez ordinaire aux malades de mon-
trer de l'impatience ; M. le Curé est à l'abri
de ce reproche. Il n'est sorti de sa bouche ni
plaintes, ni murmures, ni soupirs : toujours
soumis à la volonté du Seigneur, il unissait
ses souffrances à celles de J.-C. sur la croix.
Si j'avais à exhorter à la patience quelqu'un
de ceux qui ont été témoins de la sienne, je
me contenterais, de lui en rappeler le souvenir, et je croirais avoir assez fait.

Cependant M. le Curé était mûr pour la
moisson ; il était temps qu'il allât recevoir,

de la main du juste juge, la récompense destinée aux fidèles serviteurs. Jeudi, à onze heures
du soir, il s'est endormi dans le Seigneur, et
nous avons la confiance qu'il repose dans son
sein.

Et que faut-il de plus, grand Dieu ! pour
obtenir la couronne de gloire ? Quatre-vingt-
sept ans de vertus ; plus d'un demi-siècle de
ministère pastoral ; une conduite sans reproche, au milieu des méchans ; un courage iné-
branlable dans la confession de la vraie foi ;
tant de pécheurs ramenés par ses soins ; tant
de justes fortifiés ; le sacrifice de l'Agneau sans
tache, si souvent et si long-temps offert par
ses mains : *Immolavi hostiam jubilationis*. Ah !
s'il lui reste quelques fautes à expier, grand
Dieu ! pardonnez-lui par les mérites de votre
divin Fils ; laissez-vous fléchir par les prières
que nous ne cesserons de vous adresser. Ainsi
nous acquitterons la dette de la reconnaissance,
et nous mériterons comme lui de mourir de
la mort des Saints.

AMEN.

Imprimerie de J. MORONVAL, rue des Prêtres-Saint-
Severin, n° 4, et quai des Augustins.

26   1